PERSONAL INFORMATION

Name : _____

Address : _____

_____

_____

Email : _____

Phone : _____

Fax : _____

Notes : _____

BOOK INFORMATION

START DATE	
END DATE	
INVOICE NUMBER	

Invoice

Date : .... Order No: ....

From : ....
....

To : ....
....

Quantity	Description	Unit Price		Total	
		V.A.T			
		TOTAL			

Invoice

Date : .... Order No: ....

From : ....
....

To : ....
....

Quantity	Description	Unit Price		Total	
			V.A.T		
			TOTAL		

Invoice

Date : .... Order No: ....

From : ....
....

To : ....
....

Quantity	Description	Unit Price		Total	
		V.A.T			
		TOTAL			

Invoice

Date : .... Order No: ....

From : ....
....

To : ....
....

Quantity	Description	Unit Price		Total	
		V.A.T			
		TOTAL			

Invoice

Date : .... Order No: ....

From : ....
....
To : ....
....

Quantity	Description	Unit Price		Total	
			V.A.T		
			TOTAL		

Invoice

Date : .... Order No: ....

From : ....
....

To : ....
....

Quantity	Description	Unit Price		Total	
		V.A.T			
		TOTAL			

Invoice

Date : .... Order No: ....

From : ....
....

To : ....
....

Quantity	Description	Unit Price		Total	
		V.A.T			
		TOTAL			

Invoice

Date : ....   Order No: ....

From : ....

....

To : ....

....

Quantity	Description	Unit Price		Total	
		V.A.T			
		TOTAL			

Invoice

Date : .... Order No: ....

From : ....

....

To : ....

....

Quantity	Description	Unit Price	Total
		V.A.T	
		TOTAL	

Invoice

Date : ....   Order No: ....

From : ....
....

To : ....
....

Quantity	Description	Unit Price		Total	
		V.A.T			
		TOTAL			

Invoice

Date : .... Order No: ....

From : ....
....

To : ....
....

Quantity	Description	Unit Price		Total	
		V.A.T			
		TOTAL			

Invoice

Date : ....   Order No: ....

From : ....

....

To : ....

....

Quantity	Description	Unit Price		Total	
		V.A.T			
		TOTAL			

Invoice

Date : .... Order No: ....

From : ....
....

To : ....
....

Quantity	Description	Unit Price		Total	
		V.A.T			
		TOTAL			

Invoice

Date : ....   Order No: ....

From : ....

....

To : ....

....

Quantity	Description	Unit Price		Total	
		V.A.T			
		TOTAL			

Invoice

Date : ....   Order No: ....

From : ....
....

To : ....
....

Quantity	Description	Unit Price		Total	
			V.A.T		
			TOTAL		

Invoice

Date : .... Order No: ....

From : ....

....

To : ....

....

Quantity	Description	Unit Price		Total	
		V.A.T			
		TOTAL			

Invoice

Date : ....   Order No: ....

From : ....

....

To : ....

....

Quantity	Description	Unit Price		Total	
		V.A.T			
		TOTAL			

Invoice

Date : ....   Order No: ....

From : ....

....

To : ....

....

Quantity	Description	Unit Price		Total	
		V.A.T			
		TOTAL			

Invoice

Date : ....   Order No: ....

From : ....

....

To : ....

....

Quantity	Description	Unit Price		Total	
		V.A.T			
		TOTAL			

Invoice

Date : .... Order No: ....

From : ....

....

To : ....

....

Quantity	Description	Unit Price		Total	
		V.A.T			
		TOTAL			

Invoice

Date : .... Order No: ....

From : ....

....

To : ....

....

Quantity	Description	Unit Price	Total
		V.A.T	
		TOTAL	

Invoice

Date : .... Order No: ....

From : ....
....

To : ....
....

Quantity	Description	Unit Price		Total	
		V.A.T			
		TOTAL			

Invoice

Date : .... Order No: ....

From : ....
....

To : ....
....

Quantity	Description	Unit Price		Total	
		V.A.T			
		TOTAL			

Invoice

Date : ....   Order No: ....

From : ....

....

To : ....

....

Quantity	Description	Unit Price		Total	
		V.A.T			
		TOTAL			

Invoice

Date : .... Order No: ....

From : ....

....

To : ....

....

Quantity	Description	Unit Price		Total	
		V.A.T			
		TOTAL			

Invoice

Date : .... Order No: ....

From : ....
....

To : ....
....

Quantity	Description	Unit Price		Total	
			V.A.T		
			TOTAL		

Invoice

Date : .... Order No: ....

From : ....

....

To : ....

....

Quantity	Description	Unit Price		Total	
		V.A.T			
		TOTAL			

Invoice

Date : .... Order No: ....

From : ....
....

To : ....
....

Quantity	Description	Unit Price		Total	
		V.A.T			
		TOTAL			

Invoice

Date : .... Order No: ....

From : ....
....

To : ....
....

Quantity	Description	Unit Price	Total	
			V.A.T	
			TOTAL	

Invoice

Date : ....   Order No: ....

From : ....

....

To : ....

....

Quantity	Description	Unit Price		Total	
			V.A.T		
			TOTAL		

Invoice

Date : ....   Order No: ....

From : ....

....

To : ....

....

Quantity	Description	Unit Price		Total	
		V.A.T			
		TOTAL			

Invoice

Date : ....   Order No: ....

From : ....

....

To : ....

....

Quantity	Description	Unit Price		Total	
		V.A.T			
		TOTAL			

Invoice

Date : .... Order No: ....

From : ....
....

To : ....
....

Quantity	Description	Unit Price		Total	
		V.A.T			
		TOTAL			

Invoice

Date : .... Order No: ....

From : ....

....

To : ....

....

Quantity	Description	Unit Price	Total
		V.A.T	
		TOTAL	

Invoice

Date : .... Order No: ....

From : ....
....

To : ....
....

Quantity	Description	Unit Price		Total	
		V.A.T			
		TOTAL			

Invoice

Date : .... Order No: ....

From : ....
....

To : ....
....

Quantity	Description	Unit Price		Total	
		V.A.T			
		TOTAL			

Invoice

Date : .... Order No: ....

From : ....
....

To : ....
....

Quantity	Description	Unit Price	Total
		V.A.T	
		TOTAL	

Invoice

Date : .... Order No: ....

From : ....
....

To : ....
....

Quantity	Description	Unit Price	Total	
			V.A.T	
			TOTAL	

Invoice

Date : .... Order No: ....

From : ....
....

To : ....
....

Quantity	Description	Unit Price		Total	
		V.A.T			
		TOTAL			

Invoice

Date : ....   Order No: ....

From : ....

....

To : ....

....

Quantity	Description	Unit Price	Total
		V.A.T	
		TOTAL	

Invoice

Date : .... Order No: ....

From : ....
....

To : ....
....

Quantity	Description	Unit Price		Total	
			V.A.T		
			TOTAL		

Invoice

Date : ....   Order No: ....

From : ....

....

To : ....

....

Quantity	Description	Unit Price	Total	
		V.A.T		
		TOTAL		

Invoice

Date : .... Order No: ....

From : ....
....

To : ....
....

Quantity	Description	Unit Price		Total	
		V.A.T			
		TOTAL			

Invoice

Date : ....   Order No: ....

From : ....

....

To : ....

....

Quantity	Description	Unit Price		Total	
		V.A.T			
		TOTAL			

Invoice

Date : .... Order No: ....

From : ....

....

To : ....

....

Quantity	Description	Unit Price		Total	
		V.A.T			
		TOTAL			

Invoice

Date : ....   Order No: ....

From : ....

....

To : ....

....

Quantity	Description	Unit Price	Total	
		V.A.T		
		TOTAL		

Invoice

Date : .... Order No: ....

From : ....
....

To : ....
....

Quantity	Description	Unit Price		Total	
		V.A.T			
		TOTAL			

Invoice

Date : .... Order No: ....

From : ....
....
To : ....
....

Quantity	Description	Unit Price		Total	
		V.A.T			
		TOTAL			

Invoice

Date : .... Order No: ....

From : ....
....

To : ....
....

Quantity	Description	Unit Price		Total	
		V.A.T			
		TOTAL			

Invoice

Date : .... Order No: ....

From : ....

....

To : ....

....

Quantity	Description	Unit Price		Total	
		V.A.T			
		TOTAL			

Invoice

Date : .... Order No: ....

From : ....
....

To : ....
....

Quantity	Description	Unit Price		Total	
		V.A.T			
		TOTAL			

Invoice

Date : ....   Order No: ....

From : ....

....

To : ....

....

Quantity	Description	Unit Price		Total	
		V.A.T			
		TOTAL			

Invoice

Date : .... Order No: ....

From : ....

....

To : ....

....

Quantity	Description	Unit Price	Total
		V.A.T	
		TOTAL	

Invoice

Date : .... Order No: ....

From : ....
....

To : ....
....

Quantity	Description	Unit Price	Total	
		V.A.T		
		TOTAL		

Invoice

Date : .... Order No: ....

From : ....

....

To : ....

....

Quantity	Description	Unit Price		Total	
		V.A.T			
		TOTAL			

Invoice

Date : .... Order No: ....

From : ....
....
To : ....
....

Quantity	Description	Unit Price		Total	
		V.A.T			
		TOTAL			

Invoice

Date : .... Order No: ....

From : ....
....

To : ....
....

Quantity	Description	Unit Price		Total	
			V.A.T		
			TOTAL		

Invoice

Date : ....   Order No: ....

From : ....

....

To : ....

....

Quantity	Description	Unit Price		Total	
		V.A.T			
		TOTAL			

Invoice

Date : .... Order No: ....

From : ....
....
To : ....
....

Quantity	Description	Unit Price		Total	
		V.A.T			
		TOTAL			

Invoice

Date : .... Order No: ....

From : ....
....

To : ....
....

Quantity	Description	Unit Price	Total	
		V.A.T		
		TOTAL		

Invoice

Date : .... Order No: ....

From : ....
....
To : ....
....

Quantity	Description	Unit Price		Total	
		V.A.T			
		TOTAL			

Invoice

Date : ....   Order No: ....

From : ....

....

To : ....

....

Quantity	Description	Unit Price	Total
		V.A.T	
		TOTAL	

Invoice

Date : ....   Order No: ....

From : ....
....

To : ....
....

Quantity	Description	Unit Price		Total	
			V.A.T		
			TOTAL		

Invoice

Date : ....   Order No: ....

From : ....
....

To : ....
....

Quantity	Description	Unit Price	Total	
	V.A.T			
	TOTAL			

Invoice

Date : .... Order No: ....

From : ....
....

To : ....
....

Quantity	Description	Unit Price	Total	
		V.A.T		
		TOTAL		

Invoice

Date : ....   Order No: ....

From : ....

....

To : ....

....

Quantity	Description	Unit Price	Total	
		V.A.T		
		TOTAL		

Invoice

Date : .... Order No: ....

From : ....
....

To : ....
....

Quantity	Description	Unit Price		Total	
		V.A.T			
		TOTAL			

Invoice

Date : .... Order No: ....

From : ....
....

To : ....
....

Quantity	Description	Unit Price	Total	
		V.A.T		
		TOTAL		

Invoice

Date : .... Order No: ....

From : ....

....

To : ....

....

Quantity	Description	Unit Price		Total	
		V.A.T			
		TOTAL			

Invoice

Date : .... Order No: ....

From : ....

....

To : ....

....

Quantity	Description	Unit Price		Total	
			V.A.T		
			TOTAL		

Invoice

Date : .... Order No: ....

From : ....
....

To : ....
....

Quantity	Description	Unit Price		Total	
		V.A.T			
		TOTAL			

Invoice

Date : .... Order No: ....

From : ....
....

To : ....
....

Quantity	Description	Unit Price	Total	
		V.A.T		
		TOTAL		

Invoice

Date : .... Order No: ....

From : ....
....

To : ....
....

Quantity	Description	Unit Price		Total	
		V.A.T			
		TOTAL			

Invoice

Date : .... Order No: ....

From : ....
....

To : ....
....

Quantity	Description	Unit Price		Total	
		V.A.T			
		TOTAL			

Invoice

Date : .... Order No: ....

From : ....

....

To : ....

....

Quantity	Description	Unit Price		Total	
			V.A.T		
			TOTAL		

Invoice

Date : ....   Order No: ....

From : ....

....

To : ....

....

Quantity	Description	Unit Price	Total	
		V.A.T		
		TOTAL		

Invoice

Date : ....   Order No: ....

From : ....

....

To : ....

....

Quantity	Description	Unit Price		Total	
		V.A.T			
		TOTAL			

Invoice

Date : .... Order No: ....

From : ....
....

To : ....
....

Quantity	Description	Unit Price		Total	
		V.A.T			
		TOTAL			

Invoice

Date : .... Order No: ....

From : ....
....

To : ....
....

Quantity	Description	Unit Price		Total	
		V.A.T			
		TOTAL			

Invoice

Date : ....   Order No: ....

From : ....

....

To : ....

....

Quantity	Description	Unit Price		Total	
		V.A.T			
		TOTAL			

Invoice

Date : .... Order No: ....

From : ....
....
To : ....
....

Quantity	Description	Unit Price	Total	
		V.A.T		
		TOTAL		

Invoice

Date : .... Order No: ....

From : ....
....

To : ....
....

Quantity	Description	Unit Price		Total	
		V.A.T			
		TOTAL			

Invoice

Date : .... Order No: ....

From : ....

....

To : ....

....

Quantity	Description	Unit Price		Total	
		V.A.T			
		TOTAL			

Invoice

Date : .... Order No: ....

From : ....
....

To : ....
....

Quantity	Description	Unit Price	Total
		V.A.T	
		TOTAL	

Invoice

Date : .... Order No: ....

From : ....

....

To : ....

....

Quantity	Description	Unit Price	Total	
		V.A.T		
		TOTAL		

Invoice

Date : .... Order No: ....

From : ....

....

To : ....

....

Quantity	Description	Unit Price	Total
		V.A.T	
		TOTAL	

Invoice

Date : ....   Order No: ....

From : ....

....

To : ....

....

Quantity	Description	Unit Price		Total	
		V.A.T			
		TOTAL			

Invoice

Date : ....   Order No: ....

From : ....
....

To : ....
....

Quantity	Description	Unit Price		Total	
		V.A.T			
		TOTAL			

Invoice

Date : .... Order No: ....

From : ....
....

To : ....
....

Quantity	Description	Unit Price	Total	
		V.A.T		
		TOTAL		

Invoice

Date : .... Order No: ....

From : ....
....
To : ....
....

Quantity	Description	Unit Price	Total	
			V.A.T	
			TOTAL	

Invoice

Date : .... Order No: ....

From : ....
....

To : ....
....

Quantity	Description	Unit Price	Total
	V.A.T		
	TOTAL		

Invoice

Date : .... Order No: ....

From : ....

....

To : ....

....

Quantity	Description	Unit Price		Total	
		V.A.T			
		TOTAL			

Invoice

Date : ....   Order No: ....

From : ....
....

To : ....
....

Quantity	Description	Unit Price		Total	
		V.A.T			
		TOTAL			

Invoice

Date : ....   Order No: ....

From : ....

....

To : ....

....

Quantity	Description	Unit Price		Total	
		V.A.T			
		TOTAL			

Invoice

Date : .... Order No: ....

From : ....
....

To : ....
....

Quantity	Description	Unit Price	Total	
		V.A.T		
		TOTAL		

Invoice

Date : .... Order No: ....

From : ....

....

To : ....

....

Quantity	Description	Unit Price	Total	
		V.A.T		
		TOTAL		

Invoice

Date : ....   Order No: ....

From : ....

....

To : ....

....

Quantity	Description	Unit Price		Total	
		V.A.T			
		TOTAL			

Invoice

Date : ....   Order No: ....

From : ....
....
To : ....

Quantity	Description	Unit Price	Total	
		V.A.T		
		TOTAL		

Invoice

Date : ....   Order No: ....

From : ....

....

To : ....

....

Quantity	Description	Unit Price		Total	
		V.A.T			
		TOTAL			

Invoice

Date : .... Order No: ....

From : ....

....

To : ....

....

Quantity	Description	Unit Price		Total	
		V.A.T			
		TOTAL			

Invoice

Date : .... Order No: ....

From : ....
....

To : ....
....

Quantity	Description	Unit Price		Total	
		V.A.T			
		TOTAL			

Invoice

Date : ....   Order No: ....

From : ....

....

To : ....

....

Quantity	Description	Unit Price		Total	
			V.A.T		
			TOTAL		

Invoice

Date : .... Order No: ....

From : ....

....

To : ....

....

Quantity	Description	Unit Price	Total	
		V.A.T		
		TOTAL		

Invoice

Date : ....   Order No: ....

From : ....

....

To : ....

....

Quantity	Description	Unit Price		Total	
			V.A.T		
			TOTAL		

Invoice

Date : .... Order No: ....

From : ....
....

To : ....
....

Quantity	Description	Unit Price		Total	
	V.A.T			
	TOTAL			

Invoice

Date : .... Order No: ....

From : ....
....
To : ....
....

Quantity	Description	Unit Price		Total	
		V.A.T			
		TOTAL			

Invoice

Date : .... Order No: ....

From : ....
....

To : ....
....

Quantity	Description	Unit Price		Total	
		V.A.T			
		TOTAL			

Invoice

Date : ....   Order No: ....

From : ....

....

To : ....

....

Quantity	Description	Unit Price	Total	
		V.A.T		
		TOTAL		

Invoice

Date : ....   Order No: ....

From : ....
....

To : ....
....

Quantity	Description	Unit Price	Total
		V.A.T	
		TOTAL	

Invoice

Date : .... Order No: ....

From : ....
....

To : ....
....

Quantity	Description	Unit Price	Total	
		V.A.T		
		TOTAL		

Invoice

Date : ....   Order No: ....

From : ....

....

To : ....

....

Quantity	Description	Unit Price		Total	
		V.A.T			
		TOTAL			

Invoice

Date : ....   Order No: ....

From : ....

....

To : ....

....

Quantity	Description	Unit Price		Total	
		V.A.T			
		TOTAL			

Invoice

Date : .... Order No: ....

From : ....

....

To : ....

....

Quantity	Description	Unit Price	Total
		V.A.T	
		TOTAL	

Invoice

Date : .... Order No: ....

From : ....
....

To : ....
....

Quantity	Description	Unit Price		Total	
		V.A.T			
		TOTAL			

Invoice

Date : .... Order No: ....

From : ....
....

To : ....
....

Quantity	Description	Unit Price		Total	
		V.A.T			
		TOTAL			

Invoice

Date : .... Order No: ....

From : ....
....

To : ....
....

Quantity	Description	Unit Price	Total	
		V.A.T		
		TOTAL		

Invoice

Date : .... Order No: ....

From : ....
....

To : ....
....

Quantity	Description	Unit Price		Total	
		V.A.T			
		TOTAL			

Invoice

Date : ....   Order No: ....

From : ....

....

To : ....

....

Quantity	Description	Unit Price		Total	
		V.A.T			
		TOTAL			

THANKS YOU FOR BEING OUR VALUED CUSTOMER

WE WOULD BE GREATEFUL IF YOU SHARE
THIS HAPPY EXPERIENCE ON THE
ONLINE REVIEW SECTION THIS HELP US
TO CONTINUE PROVIDING PRODUCTS
AND HELPS OTHER CUSTOMERS TO
MAKE CONFIDENT DECISION

Printed in Great Britain
by Amazon

41072278R00071